Juliane Linker

Musikalische Meisterwerke für Kinder

Camille Saint-Saëns
Der Karneval der Tiere

Handlungsorientierte Lernstationen
zu einer zoologischen Fantasie

Kopiervorlagen mit Lösungen

D1728200

BRIGG Pädagogik

Gedruckt auf umweltbewusst gefertigtem, chlorfrei gebleichtem
und alterungsbeständigem Papier.

1. Auflage 2012
Nach den seit 2006 amtlich gültigen Regelungen der Rechtschreibung
© by Brigg Pädagogik Verlag GmbH, Augsburg
Illustrationen: Corina Beurenmeister

ISBN 978-3-87101-847-3   www.brigg-paedagogik.de

Inhalt

Einführung

Der Karneval der Tiere – Eine zoologische Fantasie
(Le Carnaval des animaux – une grande fantaisie zoologique)

Der Karneval der Tiere ist eines der bekanntesten Musikwerke des französischen Komponisten Camille Saint-Saëns. In kurzen Einzelstücken werden verschiedene Tiere musikalisch charakterisiert. Humorvoll setzt Camille Saint-Saëns deren Bewegungen und Stimmen in Noten und Melodien um. Das Werk hat eine besondere Vorgeschichte:
Während seiner frühen Tätigkeit als Klavierlehrer komponierte Camille Saint-Saëns einige Skizzen zum Karneval der Tiere. Sie waren als motivierende Klavier-Etüden für seine jungen Musikschüler gedacht, um etwas Abwechslung und Unterhaltung in den strengen Übungsalltag einzubringen.

Es war im Januar 1886. Camille Saint-Saëns, mittlerweile 51 geworden, befand sich nach einer seiner vielen Konzertreisen zur Erholung in einem kleinen Dorf in Österreich. Hier verarbeitete er in nur wenigen Tagen seine früheren Skizzen zum „Carnaval". Anlass, das Werk jetzt niederzuschreiben, war ein Hauskonzert, das der damals bekannte Cellist Lebouc alljährlich am Fastnachtsdienstag gab. Aus der ursprünglichen Klavier-Etude entstand „Le Carnaval des animaux" für zwei Pianos und Orchester mit dem Untertitel „Grande fantaisie zoologique". Am 9. März 1886 erfolgte die Uraufführung in Wien mit Camille Saint-Saëns als Pianist.

„Le Carnaval des animaux" wurde einige Male im privaten Kreis gespielt. Da zog der Komponist sein Stück zurück und verbot testamentarisch die offizielle Aufführung des Werks zu seinen Lebzeiten. Was war der Grund? Er hielt das heitere Stück für nicht passend zu seinem ansonsten ernsthaften Musikstil. Zudem enthielt das Stück einige parodistische Anspielungen auf die Musik der damaligen Zeit. Dabei interpretierte er auch humoristisch die Komponisten Offenbach, Berlioz, Rossini und Mendelssohn. Obwohl die Musiker längst verstorben waren, wollte er sie nicht brüskieren. Lediglich „le Cygne", der Schwan, wurde als Einzelstück aufgeführt, mit dem die Primaballerina Anna Pawlowa Weltruhm erlangte. So wurde „Le Carnaval des animaux" erst nach dem Tod des Komponisten veröffentlicht und in Paris am 25. Februar 1922 zur Karnevalszeit aufgeführt. Das Stück entwickelte sich zu einem Standardwerk der klassischen Musik und dient dem Publikum weltweit zur allgemeinen Erheiterung. Bis heute ist seine Beliebtheit ungebrochen.

Der Karneval der Tiere gehört zum Genre der Programmmusik. Tiere werden lautmalerisch charakterisiert und ihre Bewegungen hörbar gemacht. Zur Orchesterbesetzung gehören: zwei Klaviere, Querflöte, Pikkoloflöte (in Nr.14), Klarinette, Glasharmonika (oder Orchesterglockenspiel), Xylophon, sowie die Streicher: 1. Violine, 2. Violine, Viola, Violoncello und Kontrabass.

Das Werk besteht aus einem Reigen von 14 heiteren musikalischen Sequenzen:

1. Introduktion und Königlicher Marsch des Löwen (2.13 min)

„Introduction et marche royale du lion"

Das 1. Stück stellt den Einmarsch der Tiere in eine Arena dar. Der Löwe als König der Tiere ist deutlich aus der Mitte zu hören, wenn er majestätisch daher schreitet und mit mehrfachem Gebrüll Einzug hält. Der Königsmarsch wird musikalisch dargestellt von Klavieren und Streichern.

2. Hühner und Hähne (0.45 min)

„Poules et coqs"

Eine Schar gackernder und scharrender Hühner verbreitet erregtes Gezeter. Die Tierstimmen der Hühner werden durch Streichinstrumente dargestellt, das Kikeriki der Hähne ahmt die Klarinette nach.

3. Halbesel (0.35 min)

„Hémiones" (Animaux veloces)

In rasendem Tempo werden die wilden Esel porträtiert. Sie scheinen auf den beiden Klavieren auf und ab zu stürmen. Um die Schnelligkeit der Steppentiere zu imitieren, werden Läufe in hoher Geschwindigkeit über vier Oktaven präsentiert.

4. Schildkröten (1.40 min)

„Tortues"

In dieser Sequenz wird die Langsamkeit der Schildkröten karikiert. Im Zeitlupentempo wird Jacques Offenbachs Can-Can vorgeführt. Zur Klavierbegleitung spielen die Streicher zwei Melodien aus Offenbachs Orpheus in der Unterwelt – allerdings im Schildkrötentempo.

5. Der Elefant (1.40 min)

„L'Éléphant"

Mit Klavier und Kontrabass-Solo wird der schwerfällige Tanz eines Elefanten in der Arena dargestellt. Man kann Anspielungen erkennen auf den Elfentanz aus Fausts Verdammnis von H. Berlioz und Mendelssohns Musik zum Sommernachtstraum.

6. Kängurus (0.40 min)

„Kangourous"

Zwei Klaviere stellen eindrucksvoll das Hüpfen der Kängurus vor. Die Beuteltiere scheinen auf beiden Klavieren eifrig hin und her zu springen.

7. Das Aquarium (1.50 min)

„Aquarium"

Die Instrumente Glasharmonika (Orchesterglockenspiel oder Celesta), Klavier, Flöte und Streicher zeichnen ein ruhiges Wasserbild. Im sanft sich bewegenden Wasser eines Aquariums gleiten Zierfische friedlich dahin. Eindrucksvoll malt die Glasharmonika feine aufsteigende Luftblasen.

8. Persönlichkeiten mit langen Ohren (0.50 min)

„Personnages à longues oreilles"

Mit diesem Titel sind die Esel gemeint. Ihr typischer Ruf, das I-aah, wird durch zwei Violinen schrill und prägnant nachgeahmt.

9. Der Kuckuck in der Tiefe des Waldes (1.40 min)
„Le coucou au fonds des bois"

Ruhig zeichnen Klaviere und Klarinette einen Wald. Aus der Ferne erklingt immer wieder der Ruf des Kuckucks, intoniert durch die Klarinette.

10. Das Vogelhaus (1.12 min)
„Volière"

Querflöte und Klaviere imitieren fröhliches Vogelgezwitscher sowie den Gesang exotischer Vögel. Hohe Streicher vermitteln ein ständiges Schwirren in der Luft. Celli und Bässe bringen in die Lebhaftigkeit Ruhe hinein. Zum Klang der Flöte scheinen die Singvögel wieder davonzufliegen.

11. Pianisten (1.39 min)
„Pianistes"

Mit Klavieren und Streichern werden namentlich nicht genannte Tiere als Pianisten vorgestellt. Die tierischen Musikanten üben auf zwei Klavieren Tonleitern und ziehen die Zuhörer in ihren Bann. Die Fingerfertigkeit der Pianisten wird mit dem Applaus der Besucher belohnt.

12. Fossilien (1.04 min)
„Fossiles"

Dieses Stück ist den versteinerten Tieren gewidmet. Klaviere, Streicher, Klarinette und Xylophon scheinen die längst verstorbenen Tiere zu neuem Leben zu erwecken. Die Knochen und Skelette beginnen zu klappern, wenn zum Tanz der Fossilien aufgespielt wird. Französische Kinderlieder sind in der fröhlichen Melodie mit verarbeitet.

13. Der Schwan (2.38 min)
„Le Cygne"

Ein prachtvoller weißer Schwan gleitet ruhig auf einem See dahin. Das Violoncello zeichnet die Schönheit und Größe des Tieres, während Klaviere das Stimmungsbild sanft untermalen.

14. Finale (1.56 min)
„Final"

Im Finale treten die Tiere in einem schnellen Galopp noch einmal zusammen auf. Fast alle Tiere werden dabei noch einmal kurz und fröhlich präsentiert. Pikkoloflöte, Klarinette, Glasharmonika (Glockenspiel), Xylophon, Klaviere und Streicher erklingen. Der Tierreigen schließt mit der Wiederholung von bekannten Motiven und einer heiteren neuen Melodie.

Camille Saint-Saëns` „Karneval der Tiere" hat Weltruf erlangt. Das Musikstück zählt zu den Klassikern der Musikliteratur und begeistert bis heute Groß und Klein.
Im Lauf der Jahre ist es vielfach verarbeitet worden. Es gibt Filme und Bilderbuchfassungen, Theaterspiele und CDs mit Erzähltexten in Übereinstimmung mit Saint-Saëns` Musik. Für den Unterricht wählte ich neben dem Original die Erzählfassung von Vicco von Bülow (Loriot), der witzig und liebevoll Camille Saint-Saëns` „Karneval der Tiere" als Hörspiel interpretiert.

Durch adäquate Umsetzungen finden auch Kinder von heute Freude und Interesse an einem Musikstück aus dem klassischen Genre.

Biografie: Camille Saint-Saëns (1835–1921)

Camille Saint-Saëns wurde am 9. Oktober 1835 in Paris geboren. Nach dem frühen Tod des Vaters kümmerten sich die Mutter und Großtante um ihn. Sie erkannten die hohe Begabung des Kindes und förderten seine Talente. Bereits mit vier Jahren spielte Camille Piano, mit sechs komponierte er Lieder und kleine Musikstücke, und mit 11 gab er in Paris sein erstes öffentliches Konzert. Auch er zählt zu den Wunderkindern der Musikgeschichte, und manche Zeitgenossen betrachteten ihn als neuen Mozart. Die Frühreife bezog sich nicht nur auf die Musik. Mit drei Jahren lernte er bereits lesen und schreiben, und mit sieben beherrschte er die lateinische Sprache. Im Alter von 13 trat er in das Pariser Konservatorium ein und studierte dort Orgel und Komposition. Mit 16 war er bereits Student an der Universität in Paris, wo er Philosophie, Archäologie, Naturwissenschaften und Astronomie belegte.

Doch die Musik begleitete ihn sein ganzes Leben lang. Als Organist war er an verschiedenen Pariser Kirchen tätig. Neben seinen Tätigkeiten als Musikpädagoge und Musikwissenschaftler unternahm er viele Konzertreisen, auf denen er als Pianist und Dirigent wirkte. Camille Saint-Saëns wurde zu einem der produktivsten und vielseitigsten französischen Komponisten. Nach eigenen Aussagen fiel ihm das Komponieren so leicht wie das Reifen der Äpfel an einem Baum. Er schrieb Opern und symphonische Dichtungen, Violin-, Cello-, Klavier- und Orgelwerke, das Weihnachtsoratorium „Oratorio de Noël" und vieles mehr. Die zoologische Fantasie „Le Carnaval des Animaux", der „Karneval der Tiere", gehört eher zu seinen Spätwerken.

Lange Junggeselle geblieben, heiratete er mit 40 Jahren, aber die Ehe hielt nur kurze Zeit. Nach dem Tod seiner beiden Kinder und dem Tod seiner Mutter reiste er ruhelos um die Welt. Erst 1904 ließ er sich wieder in Paris nieder und war bis ins hohe Alter tätig. Noch im Alter von 80 Jahren machte er eine erfolgreiche USA-Tournee. Mit 86 gab er seinen letzten Klavierabend. Camille Saint-Saëns starb am 16. Dezember 1921 in Algier an einer Lungenentzündung. Er wurde nach Paris überführt und dort auf dem Friedhof im Stadtteil Montparnasse beigesetzt. Das Land ehrte ihn mit einem Staatsbegräbnis und vielen Auszeichnungen.

Juliane Linker: Camille Saint-Saëns – Der Karneval der Tiere · Best.-Nr. 847
© Brigg Pädagogik Verlag GmbH, Augsburg

Intention

„Der Karneval der Tiere" ist ein Musikstück, das Kindern viel Freude bereiten kann. Es ist heiter und kurzweilig und hilft, Verständnis für klassische Musik und ästhetische Bildung zu entwickeln. Zur oft im Vordergrund stehenden Pop- und Unterhaltungsmusik kann klassische Musik einen bereichernden Gegenpol bieten. Und da Kinder zunehmend Musik als Geräuschkulisse nutzen, ist es wichtig, sie verstärkt zu bewusstem Hören anzuleiten. Sie sollen befähigt werden, Musik zu erleben, zu unterscheiden, zu gliedern und über Musik nachzudenken. Im „Karneval der Tiere" erfahren sie, wie die unterschiedlichen Bewegungen, Charaktere und Stimmen der Tiere mit Musik dargestellt werden. Sie erleben die erstaunlichen Ausdrucksmöglichkeiten der Orchesterinstrumente und lernen Melodien, Tempi, Lautstärken sowie die Soli einzelner Instrumente von der Gesamtheit des Orchesters zu unterscheiden. Im Rahmen einer kleinen Instrumentenkunde wiederholen sie Aussehen und Klang von Instrumenten und ordnen sie den Tierdarstellungen zu.

Kinder im Grundschulalter nehmen Musik ganzheitlich auf. Daher sollte die Werkbetrachtung Hören, Handeln und Erleben umfassen. Die Wege zur Erschließung des Hörwerks sollten abwechslungsreich, handlungsorientiert und fachübergreifend gestaltet sein. Der Karneval der Tiere lässt sich gut mit den Bereichen Deutsch, Kunst, Darstellendes Spiel und Bewegung/Tanz verbinden. Selbst der Sachunterricht wird kurz gestreift.

In den Fächern Deutsch/Sachunterricht erfahren die Kinder den Inhalt der zoologischen Fantasie. Sie begegnen unterschiedlichsten Tieren, benennen Eigenschaften und Bewegungen der Tiere und erhalten kindgerechte Informationen über den französischen Komponisten Camille Saint-Saëns.

In den künstlerischen Ausdrucksbereichen können Kinder Bewegungen und Gangarten der Tiere in Einklang mit der Musik bringen, Bilder zum Hörwerk malen oder Musikstücke tänzerisch und szenisch darstellen.

Vielseitige Arbeitsblätter motivieren zur Auseinandersetzung mit Inhalten und Arbeitsaufträgen.

Juliane Linker: Camille Saint-Saëns – Der Karneval der Tiere · Best.-Nr. 847
© Brigg Pädagogik Verlag GmbH, Augsburg

Mögliche Unterrichtsschritte

Die Behandlung des Themas eignet sich besonders gut zur Karnevalszeit.
Zwei Folien (s. S. 14, 15) dienen der Einführung und wecken Aufmerksamkeit:

Folie 1
In der Zeichnung wird eine zielstrebige Wanderung von Tieren beobachtet. Die Kinder erkennen und benennen die Tiere. Bei der Betrachtung des Bildes werden sie sich auch Gedanken über den Anlass der Tierbewegung machen und versuchen, die Frage nach dem „wohin" zu beantworten. Im Bild entdeckte Noten und Instrumente deuten auf ein musikalisches Ereignis hin.

Folie 2
Durch das Auflegen einer weiteren Folie, die den Kindern Spaß vermittelt, ist der Bezug zum „Karneval der Tiere" hergestellt.

Kurzinfos
Die Kinder erhalten nun wichtige Kurzinformationen über Camille Saint-Saëns` heiteres Musikstück und den Komponisten selbst. Ein Foto des Musikers und die 14 Titel der Burleske werden in Form eines Tafelbildes bzw. auf Wortkarten vorgestellt.

Höranalyse
In der nachfolgenden Unterrichtsphase werden Kinder als „Hördetektive" zu bewusstem Hören angeleitet. Einige wenige Hörbeispiele aus dem Karneval der Tiere werden kurz angespielt und in Rätselform vorgestellt. Besonders geeignet erscheinen die Sequenzen „Wilde Esel" oder „Singende Vögel", „Aquarium" oder „Der Kuckuck". Nach dem Vorspielen teilen die Schüler/-innen ihre Empfindungen mit und begründen ihre Meinung.

Arbeitsblatt: Programm
Das Musikstück wird nun als Gesamtwerk angeboten. Dazu erhalten die Kinder zur selbstständigen Bearbeitung das Arbeitsblatt „Programm". Musikhören wird kombiniert mit dem Lesen von erläuternden Texten und dem Zuordnen der Tierauftritte.

Musikanalysen
In der nächsten Unterrichtsstunde steht nach Wiederholung des bisher Erfahrenen gezieltes Hören von drei weiteren Szenen im Mittelpunkt. Ausgewählte markante Musikstücke werden dabei in Bewegung und grafisches Gestalten umgesetzt.

a) Musikhören (erstes rhythmisches Bewegen)
Den Kindern wird ein Titel mit Tierstimmen vorgestellt. Zur Auswahl stehen „Einmarsch des Löwen", „Singende Esel" oder auch „Der Kuckuck". Bewusstes Hören wird mit besonderem Spaß verbunden, wenn die Kinder zu jedem Löwengebrüll aufstehen oder sich bei den singenden Eseln zum I-aah erheben.

b) Arbeitsblatt: Malen nach Musik (Grafische Notation)
In dieser Unterrichtsphase werden Kinder zur unmittelbaren musikalischen Umsetzung aufgefordert. Zur Szene Kängurus beschreiben sie passend zur Musik die Sprünge der Tiere in grafischer Notation. Durch Zeichnen mit Bunt- oder Bleistift stellen sie Melodienbögen, Auf- und Abwärtsbewegungen, Tonhöhenverläufe und Tondauer auf einem Arbeitsblatt dar.

c) Arbeitsblatt: Malen zur Musik (Bildgestaltung)

Zu einer weiteren musikalischen Umsetzung eignet sich die Szene Aquarium. Hier vermischen sich grafische Notationen mit bildlicher Gestaltung. Ästhetik und Kreativität stehen im Vordergrund.

Gemeinsames Ansehen, Vorstellen und Besprechen der Bilder runden die Stunde ab.

Offenes Arbeiten an Stationen

Es folgen Unterrichtsformen, in denen das selbstständige, eigenverantwortliche Arbeiten der Kinder im Vordergrund steht. Die bisherigen Informationen und Aktivitäten bilden ein sicheres Fundament für weiteres effektives Arbeiten. Die den Kindern gestellten Aufgaben dienen der Erweiterung und Vertiefung des Unterrichtsstoffs. Verschiedene Betrachtungsweisen und Arbeitsformen sorgen für Abwechslung und sprechen unterschiedliche Sinne an. Zur Eigenkontrolle liegen Lösungsblätter aus.

Arbeitsblätter und Aufgaben
  1. Ratespiel: Wer sind wir?
  2. Lebenslauf Camille Saint-Saëns
  3. Die Tiere und ihre Instrumente
  4. Töne und Tiere
  5. Verkleidungsspaß beim Karneval der Tiere
  6. Malblatt: Karneval der Tiere
  7. Notentiere
  8. Hörstation (PC oder Musikanlage) zum Nachhören der DVD(CD) oder als Ratespielort für Partner- oder Gruppenarbeit
  9. Quiz (Das Quiz kann auch einer abschließenden Lernzielkontrolle dienen.)
  10. Deckblatt: Willkommen zum Karneval der Tiere
      Kinder können das Titelblatt weiter ausgestalten und die bearbeiteten Arbeitsblätter in Buchform ordnen.
  11. Szenisches Darstellen (s.u.)

Die Arbeitsblätter bieten Differenzierungsmöglichkeiten hinsichtlich Arbeitstempo, Schwierigkeitsgrad, Neigung und Interesse.

* * *

Der Karneval der Tiere nach Loriot

Von Kindern gern angenommen wird auch das Hörspiel „Karneval der Tiere" nach einer Erzählung von „Loriot" (Die Audio-CD ist leicht über den Buchhandel zu beschaffen, s. S. 51): Vicco von Bülows humorvolle und originelle Erzählfassung begleitet Saint-Saëns` Originalmusik und schmückt dessen zoologische Fantasie durch zusätzliche Ereignisse aus. Die vorliegenden Arbeitsblätter enthalten Loriots Erzählung in verkürzter Form und als Lückentext. Beim Anhören der CD lesen, beschriften und gestalten die Kinder die Blattvorlagen und hören noch einmal die Musiksequenzen. Die auditive Wahrnehmung wird weiter gefördert und die Konzentrationsfähigkeit zusätzlich trainiert. Innerhalb einer Unterrichtsstunde kann die Loriot-Fassung behandelt und im Plenum überprüft werden.

Aus den gestalteten Arbeitsblättern kann ein **separates, attraktives Minibüchlein** vom Karneval der Tiere erstellt werden.

Szenisches Darstellen

Abschluss und Krönung der Unterrichtseinheit kann das szenische Darstellen des Musikwerks sein. Camille Saint-Saëns` Klassiker wird dabei zum Mitmachstück für die Schüler/-innen. Die Kinder schlüpfen in die verschiedenen Tierrollen und setzen Musik in Bewegung, Tanz und Gestik um. Requisiten erleichtern, sich in die Rollen hineinzuversetzen und verhelfen zusätzlich zu einer fantasievollen und lebendigen Aufführung. Nahezu alle Kinder haben erfahrungsgemäß viel Freude am darstellenden Spiel. Doch sollte man vermeiden, den Schülern und Schülerinnen eine Rolle aufzuzwingen. Durch die Vielfalt und Andersartigkeit der Tiercharaktere wird jedes Kind seine eigene Rolle finden. Und neben den Tierdarstellern werden ja auch Erzähler, Ton- und Bildtechniker benötigt. Es wird überlegt, besprochen, abgewogen und schließlich in Kleingruppen geprobt. Durch aktives und kreatives Tun wird musikalische Bildung spielerisch vermittelt.

Gebastelte Gesichtsmasken, Kinderschminke, farbige Tücher und evtl. Tierplüschkostüme aus der Karnevalszeit sowie ein einfaches Bühnenbild lassen die Darstellung noch attraktiver werden. Im Kunstunterricht können z. B. Löwenköpfe aus Papptellern und Bastfransen gefertigt werden. Farbenfrohe Vogelmasken entstehen aus Tonpapier und bunten Federn. Bunt schillernde transparente Tücher eignen sich für die Fische im Aquarium. Ein Schwan wird, weiß gekleidet und mit Blütenkranz oder Blütengirlande geschmückt, noch prachtvoller wirken. Für die Fossilien eignen sich schwarze T-Shirts mit weißem Knochengerüst aus Stoff.
In einer „Manege" führen die einzelnen Kindergruppen, als Tiere verkleidet, ihre Bewegungen, Tänze und Kunststücke zur Musik vor. Dekorationen und Effekte bringen weiteres Leben in die Aufführung ein. So könnten die „Känguru-Kinder" auf gemalter Tastatur hin und her hüpfen.
Um den Zauber des „Aquariums" zu unterstreichen, lassen sich Seifenblasen und Flitter unauffällig in das Geschehen einfügen, um aufsteigende Luftbläschen zu imitieren.
Zum Leben erwachte „Skelett-Fossilien" können mit ihren Tänzen und Bewegungen rund um ein Xylofon agieren.
Bei allem künstlerischen Tun wird die Kreativität der Kinder gefördert und entfaltet, und beim gemeinsamen Handeln, Proben und Arbeiten werden soziale Kompetenzen entwickelt. Eine Aufführung für Schulpaten oder Eltern bietet sich als Abschluss und Höhepunkt des Musikprojekts an.
Und wann immer eine Möglichkeit zur unmittelbaren Begegnung mit der Musik besteht, sollten Musiker in die Schule eingeladen oder musikalische Aufführungen besucht werden.

Je nach Zeit, Vorhaben und Klassenzusammensetzung, lässt sich aus den vorliegenden Ideen und den Angeboten eine entsprechende Auswahl treffen.

Juliane Linker: Camille Saint-Saëns – Der Karneval der Tiere · Best.-Nr. 847
© Brigg Pädagogik Verlag GmbH, Augsburg

Camille Saint-Saëns

Willkommen zum

Karneval der Tiere

Mein Name: _____

Meine Klasse: _____

Wo wollen
die denn alle
hin?

Juliane Linker: Camille Saint-Saëns – Der Karneval der Tiere · Best.-Nr. 847
© Brigg Pädagogik Verlag GmbH, Augsburg

Der Karneval der Tiere
PROGRAMM

Höre die Musik zu den einzelnen Szenen und lies den jeweiligen Text dazu.
Schreibe bei jedem Tier-Auftritt die Nummer in den passenden Luftballon:
1, 2, 3 … und male an.

Heute feiern die Tiere Karneval. Alle freuen sich und sind schon ganz aufgeregt.
Es wird musiziert, gesungen und getanzt, und einige Tiere führen sogar Kunststücke vor.

1. Der königliche Marsch des Löwen
Die Tiere marschieren durch eine Waldlichtung
in eine Arena ein. In der Mitte schreitet stolz und
majestätisch der König der Tiere: der Löwe.
Einige Male ertönt sein Gebrüll, dargestellt durch
Klavier und Streicher.

2. Hühner und Hähne
Als nächstes ziehen Hühner und
Hähne ein. Die Hühner gackern
und picken, scharren und schwatzen
miteinander. Streicher ahmen ihre
Stimmen nach. Der Hahn kräht sein
Kikeriki, eine Klarinette ertönt.

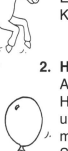

3. Die wilden Halbesel
Mit großer Geschwindigkeit stürmen
wilde Steppentiere in die Arena.
Zwei Klaviere spielen dazu.

4. Die Schildkröten
Die Schildkröten tanzen den „Can-Can",
ganz langsam im Zeitlupentempo.
Klavier und Streicher sind zu hören.

5. Die Elefanten
Nun kommen die Elefanten. Auch sie führen einen
Tanz vor. Eine Elefantendame hebt die schweren
Beine und tanzt zur Musik. Ein Kontrabass spielt ein Solo.

6. Die Kängurus
Lustige Kängurus hüpfen und springen durch die
Arena und spielen auf zwei Klavieren.

Juliane Linker: Camille Saint-Saëns – Der Karneval der Tiere · Best.-Nr. 847
© Brigg Pädagogik Verlag GmbH, Augsburg

7. Das Aquarium

In der Manege ist ein großes gläsernes Aquarium aufgebaut. Im klaren Wasser gleiten Fische ruhig auf und ab. Kleine, glitzernde Luftblasen steigen auf. Ein Glockenspiel, Flöte, Klavier und Streicher spielen eine schöne Melodie.

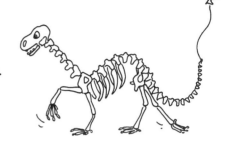

8. Gesang der Langohren

Jetzt treten Esel als Sänger auf. Sie rufen und schreien laut ihr I-aah. Zwei Violinen ertönen dazu.

9. Der Kuckuck aus dem Wald

Aus der Ferne erklingen die Rufe des Kuckucks. Eine Klarinette ist zu hören.

10. Das Vogelhaus

Nun zeigen Vögel ihre Kunst. Sie singen und zwitschern, jubeln und tirilieren zum Klang der Querflöte. Fröhlich schwirren sie durch die Luft und fliegen wieder davon.

11. Die Pianisten

Einige Tiere spielen mit schnellen Fingern auf zwei Klavieren die Tonleiter rauf und runter.

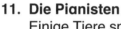

12. Die Fossilien

Beim lustigen Karnevalsfest erwachen sogar die versteinerten Tiere. Ihre Knochen und Skelette klappern beim fröhlichen Tanz zu den Klängen des Xylophons.

13. Der Schwan

Über einen See gleitet ein prachtvoller weißer Schwan zum Klang des Violoncellos.

14. Das große Finale

Zum Schluss treten die vielen Tier-Künstler und Akrobaten noch einmal zusammen auf. In einem schnellen Galopp durchlaufen sie den Festplatz.

Welches Musikstück hat dir am besten gefallen?

_____

_____

Juliane Linker: Camille Saint-Saëns – Der Karneval der Tiere · Best.-Nr. 847
© Brigg Pädagogik Verlag GmbH, Augsburg

Der Karneval der Tiere
PROGRAMM

Höre die Musik zu den einzelnen Szenen und lies den jeweiligen Text dazu.
Schreibe bei jedem Tier-Auftritt die Nummer in den passenden Luftballon:
1, 2, 3 … und male an.

Heute feiern die Tiere Karneval. Alle freuen sich und sind schon ganz aufgeregt.
Es wird musiziert, gesungen und getanzt, und einige Tiere führen sogar Kunststücke vor.

1. Der königliche Marsch des Löwen
Die Tiere marschieren durch eine Waldlichtung
in eine Arena ein. In der Mitte schreitet stolz und
majestätisch der König der Tiere: der Löwe.
Einige Male ertönt sein Gebrüll, dargestellt durch
Klavier und Streicher.

2. Hühner und Hähne
Als nächstes ziehen Hühner und
Hähne ein. Die Hühner gackern
und picken, scharren und schwatzen
miteinander. Streicher ahmen ihre
Stimmen nach. Der Hahn kräht sein
Kikeriki, eine Klarinette ertönt.

3. Die wilden Halbesel
Mit großer Geschwindigkeit stürmen
wilde Steppentiere in die Arena.
Zwei Klaviere spielen dazu.

4. Die Schildkröten
Die Schildkröten tanzen den „Can-Can",
ganz langsam im Zeitlupentempo.
Klavier und Streicher sind zu hören.

5. Die Elefanten
Nun kommen die Elefanten. Auch sie führen einen
Tanz vor. Eine Elefantendame hebt die schweren
Beine und tanzt zur Musik. Ein Kontrabass spielt ein Solo.

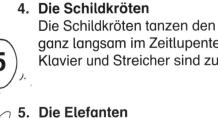

6. Die Kängurus
Lustige Kängurus hüpfen und springen durch die
Arena und spielen auf zwei Klavieren.

Juliane Linker: Camille Saint-Saëns – Der Karneval der Tiere · Best.-Nr. 847
© Brigg Pädagogik Verlag GmbH, Augsburg

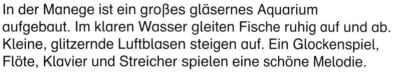

7. Das Aquarium

In der Manege ist ein großes gläsernes Aquarium aufgebaut. Im klaren Wasser gleiten Fische ruhig auf und ab. Kleine, glitzernde Luftblasen steigen auf. Ein Glockenspiel, Flöte, Klavier und Streicher spielen eine schöne Melodie.

8. Gesang der Langohren

Jetzt treten Esel als Sänger auf. Sie rufen und schreien laut ihr I-aah. Zwei Violinen ertönen dazu.

9. Der Kuckuck aus dem Wald

Aus der Ferne erklingen die Rufe des Kuckucks. Eine Klarinette ist zu hören.

10. Das Vogelhaus

Nun zeigen Vögel ihre Kunst. Sie singen und zwitschern, jubeln und tirilieren zum Klang der Querflöte. Fröhlich schwirren sie durch die Luft und fliegen wieder davon.

11. Die Pianisten

Einige Tiere spielen mit schnellen Fingern auf zwei Klavieren die Tonleiter rauf und runter.

12. Die Fossilien

Beim lustigen Karnevalsfest erwachen sogar die versteinerten Tiere. Ihre Knochen und Skelette klappern beim fröhlichen Tanz zu den Klängen des Xylophons.

13. Der Schwan

Über einen See gleitet ein prachtvoller weißer Schwan zum Klang des Violoncellos.

14. Das große Finale

Zum Schluss treten die vielen Tier-Künstler und Akrobaten noch einmal zusammen auf. In einem schnellen Galopp durchlaufen sie den Festplatz.

Welches Musikstück hat dir am besten gefallen?

_____

_____

Juliane Linker: Camille Saint-Saëns – Der Karneval der Tiere · Best.-Nr. 847
© Brigg Pädagogik Verlag GmbH, Augsburg

Malen nach Musik: Die Kängurus

Du brauchst jetzt einen Bleistift oder Buntstift.
Nun hörst du das Musikstück KÄNGURUS. Lass den Stift passend zur Musik in großen und kleinen Sprüngen über dein Blatt Papier hüpfen.

Viel Spaß !

Vergleiche zum Schluss dein „Bild" mit den „Musikbildern" deiner Klassenkameraden.

Juliane Linker: Camille Saint-Saëns – Der Karneval der Tiere · Best.-Nr. 847
© Brigg Pädagogik Verlag GmbH, Augsburg

Malen zur Musik: Fische im Aquarium

Höre die Musik und male passend zum Klang der Melodie: Wellen – Fische – aufsteigende Luftblasen …

Juliane Linker: Camille Saint-Saëns – Der Karneval der Tiere · Best.-Nr. 847
© Brigg Pädagogik Verlag GmbH, Augsburg

Ratespiel: Wer sind wir?

1. Ich schreite majestätisch durch die Arena.

   Du bist der _____.

2. Wir können nur ganz langsam tanzen.

   Ihr seid die _____.

3. Wenn ich tanze, bebt der Boden.

   Du bist ein _____.

4. Wenn wir sprechen und singen, erklingen zwei Buchstaben aus eurer Sprache.

   Ihr seid die _____.

5. Ich gleite ruhig über das Wasser.

   Du bist der _____.

6. Wir scharren und picken und gackern viel. Unser Chef kann laut krähen.

   Ihr seid _____ und _____.

7. Ich zeige mich nicht gerne. Aber man kann mich aus der Ferne des Waldes

   rufen hören.

   Du bist ein _____.

8. Wir brauchen Wasser zum Leben und können wundervoll schwimmen.

   Ihr seid _____.

9. Wir können gut hüpfen und weit springen.

   Ihr seid _____.

10. Wir können singen und pfeifen und schwirren geschickt durch die Luft.

    Ihr seid _____.

11. Wir haben vor Millionen von Jahren gelebt.

    Aber beim Karneval der Tiere feiern wir mit.

    Ihr seid _____.

Setze ein: **Elefant   Kuckuck   Vögel   Fische   Schwan
Kängurus   Löwe   Schildkröten   Esel   Fossilien
Hühner und Hähne**

Juliane Linker: Camille Saint-Saëns – Der Karneval der Tiere · Best.-Nr. 847
© Brigg Pädagogik Verlag GmbH, Augsburg

Ratespiel: Wer sind wir?

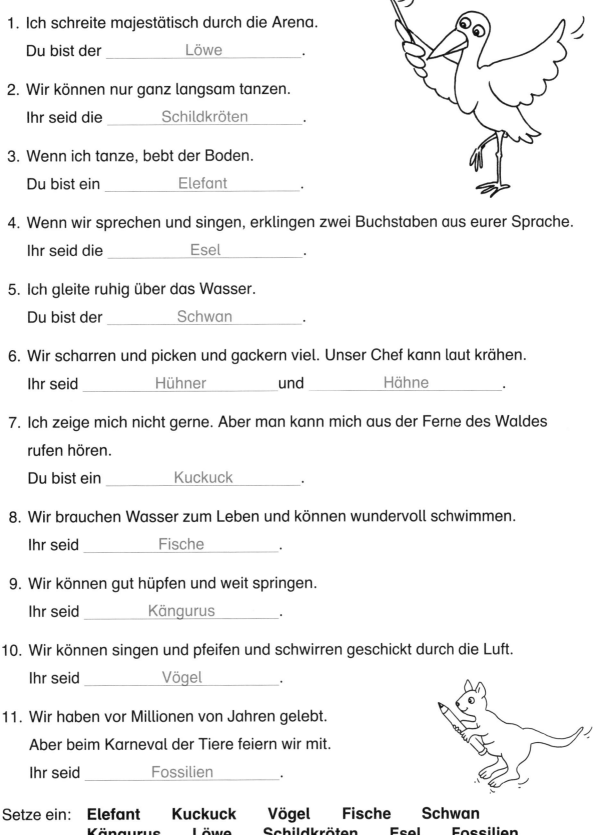

1. Ich schreite majestätisch durch die Arena.

   Du bist der _____Löwe_____.

2. Wir können nur ganz langsam tanzen.

   Ihr seid die _____Schildkröten_____.

3. Wenn ich tanze, bebt der Boden.

   Du bist ein _____Elefant_____.

4. Wenn wir sprechen und singen, erklingen zwei Buchstaben aus eurer Sprache.

   Ihr seid die _____Esel_____.

5. Ich gleite ruhig über das Wasser.

   Du bist der _____Schwan_____.

6. Wir scharren und picken und gackern viel. Unser Chef kann laut krähen.

   Ihr seid _____Hühner_____ und _____Hähne_____.

7. Ich zeige mich nicht gerne. Aber man kann mich aus der Ferne des Waldes

   rufen hören.

   Du bist ein _____Kuckuck_____.

8. Wir brauchen Wasser zum Leben und können wundervoll schwimmen.

   Ihr seid _____Fische_____.

9. Wir können gut hüpfen und weit springen.

   Ihr seid _____Kängurus_____.

10. Wir können singen und pfeifen und schwirren geschickt durch die Luft.

    Ihr seid _____Vögel_____.

11. Wir haben vor Millionen von Jahren gelebt.

    Aber beim Karneval der Tiere feiern wir mit.

    Ihr seid _____Fossilien_____.

Setze ein: **Elefant   Kuckuck   Vögel   Fische   Schwan
Kängurus   Löwe   Schildkröten   Esel   Fossilien
Hühner und Hähne**

Juliane Linker: Camille Saint-Saëns – Der Karneval der Tiere · Best.-Nr. 847
© Brigg Pädagogik Verlag GmbH, Augsburg

LEBENSLAUF
Camille Saint-Saëns

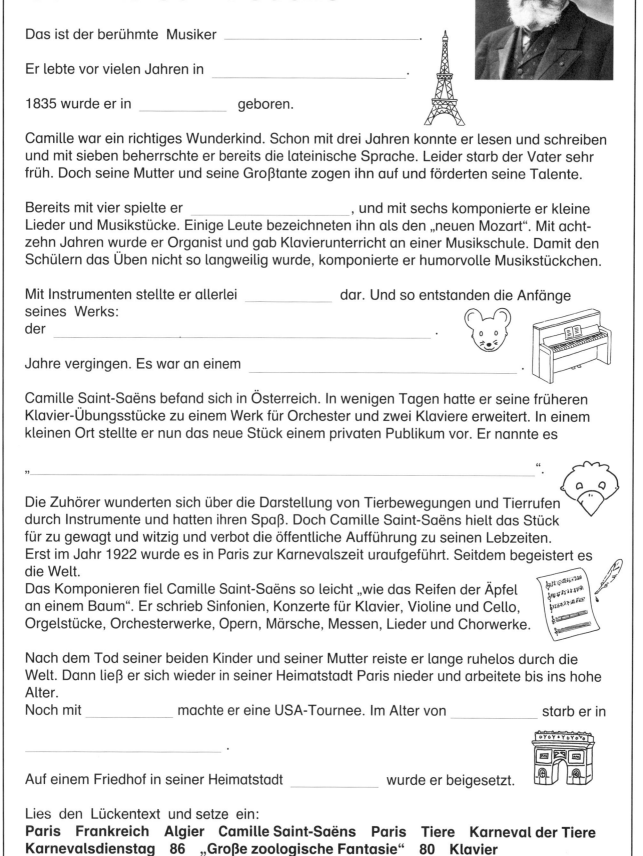

Das ist der berühmte Musiker _____.

Er lebte vor vielen Jahren in _____.

1835 wurde er in _____ geboren.

Camille war ein richtiges Wunderkind. Schon mit drei Jahren konnte er lesen und schreiben und mit sieben beherrschte er bereits die lateinische Sprache. Leider starb der Vater sehr früh. Doch seine Mutter und seine Großtante zogen ihn auf und förderten seine Talente.

Bereits mit vier spielte er _____, und mit sechs komponierte er kleine Lieder und Musikstücke. Einige Leute bezeichneten ihn als den „neuen Mozart". Mit achtzehn Jahren wurde er Organist und gab Klavierunterricht an einer Musikschule. Damit den Schülern das Üben nicht so langweilig wurde, komponierte er humorvolle Musikstückchen.

Mit Instrumenten stellte er allerlei _____ dar. Und so entstanden die Anfänge seines Werks:
der _____.

Jahre vergingen. Es war an einem _____.

Camille Saint-Saëns befand sich in Österreich. In wenigen Tagen hatte er seine früheren Klavier-Übungsstücke zu einem Werk für Orchester und zwei Klaviere erweitert. In einem kleinen Ort stellte er nun das neue Stück einem privaten Publikum vor. Er nannte es

„_____".

Die Zuhörer wunderten sich über die Darstellung von Tierbewegungen und Tierrufen durch Instrumente und hatten ihren Spaß. Doch Camille Saint-Saëns hielt das Stück für zu gewagt und witzig und verbot die öffentliche Aufführung zu seinen Lebzeiten.
Erst im Jahr 1922 wurde es in Paris zur Karnevalszeit uraufgeführt. Seitdem begeistert es die Welt.
Das Komponieren fiel Camille Saint-Saëns so leicht „wie das Reifen der Äpfel an einem Baum". Er schrieb Sinfonien, Konzerte für Klavier, Violine und Cello, Orgelstücke, Orchesterwerke, Opern, Märsche, Messen, Lieder und Chorwerke.

Nach dem Tod seiner beiden Kinder und seiner Mutter reiste er lange ruhelos durch die Welt. Dann ließ er sich wieder in seiner Heimatstadt Paris nieder und arbeitete bis ins hohe Alter.
Noch mit _____ machte er eine USA-Tournee. Im Alter von _____ starb er in

_____.

Auf einem Friedhof in seiner Heimatstadt _____ wurde er beigesetzt.

Lies den Lückentext und setze ein:
**Paris   Frankreich   Algier   Camille Saint-Saëns   Paris   Tiere   Karneval der Tiere
Karnevalsdienstag   86   „Große zoologische Fantasie"   80   Klavier**

Juliane Linker: Camille Saint-Saëns – Der Karneval der Tiere · Best.-Nr. 847
© Brigg Pädagogik Verlag GmbH, Augsburg

LEBENSLAUF
Camille Saint-Saëns

Das ist der berühmte Musiker _____ Camille Saint-Saëns _____.

Er lebte vor vielen Jahren in _____ Frankreich _____.

1835 wurde er in _____ Paris _____ geboren.

Camille war ein richtiges Wunderkind. Schon mit drei Jahren konnte er lesen und schreiben und mit sieben beherrschte er bereits die lateinische Sprache. Leider starb der Vater sehr früh. Doch seine Mutter und seine Großtante zogen ihn auf und förderten seine Talente.

Bereits mit vier spielte er _____ Klavier _____, und mit sechs komponierte er kleine Lieder und Musikstücke. Einige Leute bezeichneten ihn als den „neuen Mozart". Mit achtzehn Jahren wurde er Organist und gab Klavierunterricht an einer Musikschule. Damit den Schülern das Üben nicht so langweilig wurde, komponierte er humorvolle Musikstückchen.

Mit Instrumenten stellte er allerlei _____ Tiere _____ dar. Und so entstanden die Anfänge seines Werks:
der _____ Karneval der Tiere _____.

Jahre vergingen. Es war an einem _____ Karnevalsdienstag _____.

Camille Saint-Saëns befand sich in Österreich. In wenigen Tagen hatte er seine früheren Klavier-Übungsstücke zu einem Werk für Orchester und zwei Klaviere erweitert. In einem kleinen Ort stellte er nun das neue Stück einem privaten Publikum vor. Er nannte es

„_____ Große zoologische Fantasie _____".

Die Zuhörer wunderten sich über die Darstellung von Tierbewegungen und Tierrufen durch Instrumente und hatten ihren Spaß. Doch Camille Saint-Saëns hielt das Stück für zu gewagt und witzig und verbot die öffentliche Aufführung zu seinen Lebzeiten. Erst im Jahr 1922 wurde es in Paris zur Karnevalszeit uraufgeführt. Seitdem begeistert es die Welt.
Das Komponieren fiel Camille Saint-Saëns so leicht „wie das Reifen der Äpfel an einem Baum". Er schrieb Sinfonien, Konzerte für Klavier, Violine und Cello, Orgelstücke, Orchesterwerke, Opern, Märsche, Messen, Lieder und Chorwerke.

Nach dem Tod seiner beiden Kinder und seiner Mutter reiste er lange ruhelos durch die Welt. Dann ließ er sich wieder in seiner Heimatstadt Paris nieder und arbeitete bis ins hohe Alter.
Noch mit _____ 80 _____ machte er eine USA-Tournee. Im Alter von _____ 86 _____ starb er in

_____ Algier _____.

Auf einem Friedhof in seiner Heimatstadt _____ Paris _____ wurde er beigesetzt.

Lies den Lückentext und setze ein:
Paris Frankreich Algier Camille Saint-Saëns Paris Tiere Karneval der Tiere
Karnevalsdienstag 86 „Große zoologische Fantasie" 80 Klavier

Die Tiere und ihre Instrumente

Was passt zusammen? Schneide aus und ordne den Tieren ihre Instrumente zu!

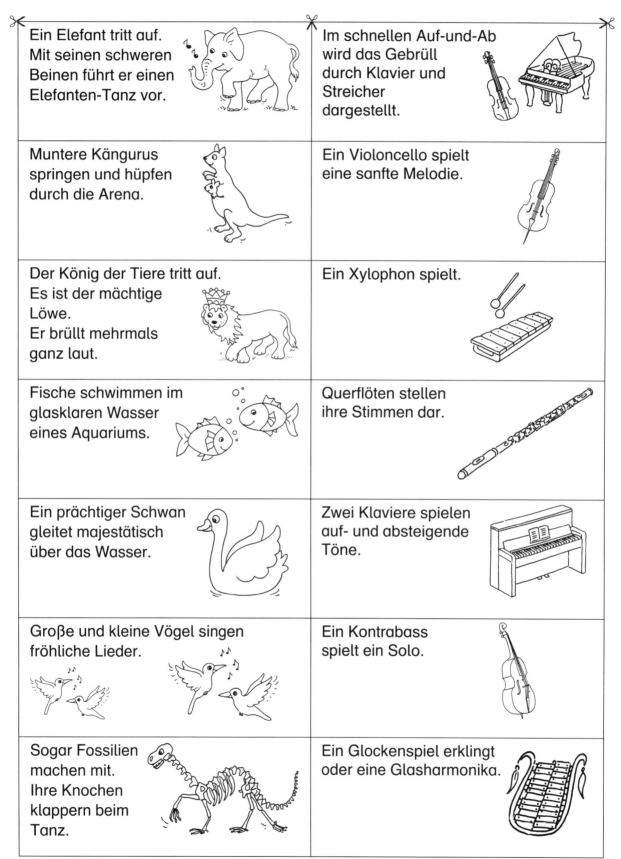

Ein Elefant tritt auf. Mit seinen schweren Beinen führt er einen Elefanten-Tanz vor.	Im schnellen Auf-und-Ab wird das Gebrüll durch Klavier und Streicher dargestellt.
Muntere Kängurus springen und hüpfen durch die Arena.	Ein Violoncello spielt eine sanfte Melodie.
Der König der Tiere tritt auf. Es ist der mächtige Löwe. Er brüllt mehrmals ganz laut.	Ein Xylophon spielt.
Fische schwimmen im glasklaren Wasser eines Aquariums.	Querflöten stellen ihre Stimmen dar.
Ein prächtiger Schwan gleitet majestätisch über das Wasser.	Zwei Klaviere spielen auf- und absteigende Töne.
Große und kleine Vögel singen fröhliche Lieder.	Ein Kontrabass spielt ein Solo.
Sogar Fossilien machen mit. Ihre Knochen klappern beim Tanz.	Ein Glockenspiel erklingt oder eine Glasharmonika.

Juliane Linker: Camille Saint-Saëns – Der Karneval der Tiere · Best.-Nr. 847
© Brigg Pädagogik Verlag GmbH, Augsburg

Die Tiere und ihre Instrumente

Was passt zusammen? Schneide aus und ordne den Tieren ihre Instrumente zu!

Ein Elefant tritt auf. Mit seinen schweren Beinen führt er einen Elefanten-Tanz vor. 	Ein Kontrabass spielt ein Solo. 
Muntere Kängurus springen und hüpfen durch die Arena. 	Zwei Klaviere spielen auf- und absteigende Töne. 
Der König der Tiere tritt auf. Es ist der mächtige Löwe. Er brüllt mehrmals ganz laut. 	Im schnellen Auf-und-Ab wird das Gebrüll durch Klavier und Streicher dargestellt. 
Fische schwimmen im glasklaren Wasser eines Aquariums. 	Ein Glockenspiel erklingt oder eine Glasharmonika.
Ein prächtiger Schwan gleitet majestätisch über das Wasser. 	Ein Violoncello spielt eine sanfte Melodie. 
Große und kleine Vögel singen fröhliche Lieder. 	Querflöten stellen ihre Stimmen dar. 
Sogar Fossilien machen mit. Ihre Knochen klappern beim Tanz. 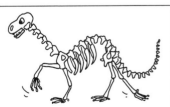	Ein Xylophon spielt. 

Juliane Linker: Camille Saint-Saëns – Der Karneval der Tiere · Best.-Nr. 847
© Brigg Pädagogik Verlag GmbH, Augsburg

Töne und Tiere

Du siehst hier vier Melodien aus dem Karneval der Tiere.
Welche Tier-Artisten sind wohl aufgetreten?

- Der Elefant – mit seinen stampfenden Tanzschritten
- Die wilden Esel – die in die Wald-Arena stürmen
- Die hüpfenden Kängurus
- Die Schildkröten – bei ihrem Zeitlupen-Tanz

Ordne den Noten die richtigen Titel zu und schreibe sie auf.
Für Klavierspieler: Versuch doch mal zu spielen!
Viel Spaß und Erfolg!

Juliane Linker: Camille Saint-Saëns – Der Karneval der Tiere · Best.-Nr. 847
© Brigg Pädagogik Verlag GmbH, Augsburg

Töne und Tiere

Du siehst hier vier Melodien aus dem Karneval der Tiere.
Welche Tier-Artisten sind wohl aufgetreten?

- Der Elefant – mit seinen stampfenden Tanzschritten
- Die wilden Esel – die in die Wald-Arena stürmen
- Die hüpfenden Kängurus
- Die Schildkröten – bei ihrem Zeitlupen-Tanz

Ordne den Noten die richtigen Titel zu und schreibe sie auf.
Für Klavierspieler: Versuch doch mal zu spielen!
Viel Spaß und Erfolg!

1 Die hüpfenden Kängurus

2 Der Elefant

3 Die wilden Esel

4 Die Schildkröten

Juliane Linker: Camille Saint-Saëns – Der Karneval der Tiere · Best.-Nr. 847
© Brigg Pädagogik Verlag GmbH, Augsburg

Verkleidungsspaß
beim Karneval der Tiere

Die Tiere feiern Karneval. Wie könnten Elefant, Löwe, Schwan, Känguru und Esel aussehen? Schau in die Kostümkiste und hilf ihnen beim „Verkleiden".

Viel Spaß beim Malen!

Juliane Linker: Camille Saint-Saëns – Der Karneval der Tiere · Best.-Nr. 847
© Brigg Pädagogik Verlag GmbH, Augsburg

Malblatt: Karneval der Tiere

Auf den Rängen der Waldtribüne haben viele Tiere schon Platz genommen. Sie warten auf die Aufführung. Male jetzt selbst einen oder mehrere Tierkünstler.

Viel Spaß !

Notentiere

Hier siehst du einige Tiere, die sich mit Noten aus ihren Musikstücken lustig verkleidet haben. Erkennst du sie? Ihre Namen stehen auf Wortkärtchen. Ordne sie den Notentieren zu. Du brauchst dazu Schere und Kleber.

Der Elefant	Der Löwe
Der Kuckuck aus dem Wald	Langohren
Hühner und Hähne	Schildkröten
Der Schwan	Vögel
Hüpfende Kängurus	Fische im Aquarium

Juliane Linker: Camille Saint-Saëns – Der Karneval der Tiere · Best.-Nr. 847
© Brigg Pädagogik Verlag GmbH, Augsburg

Notentiere

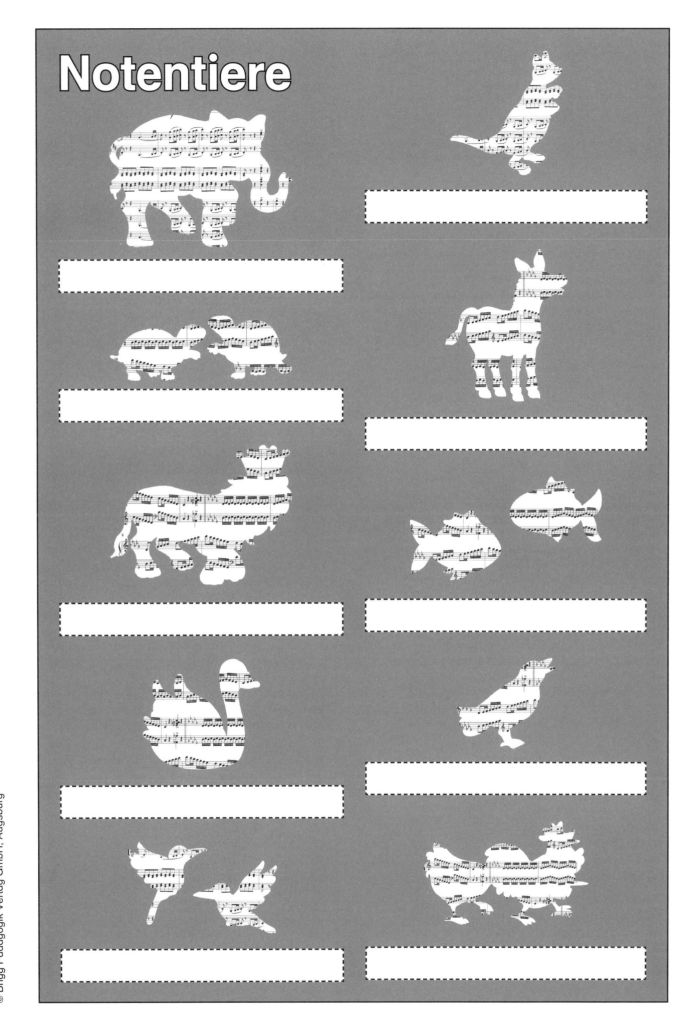

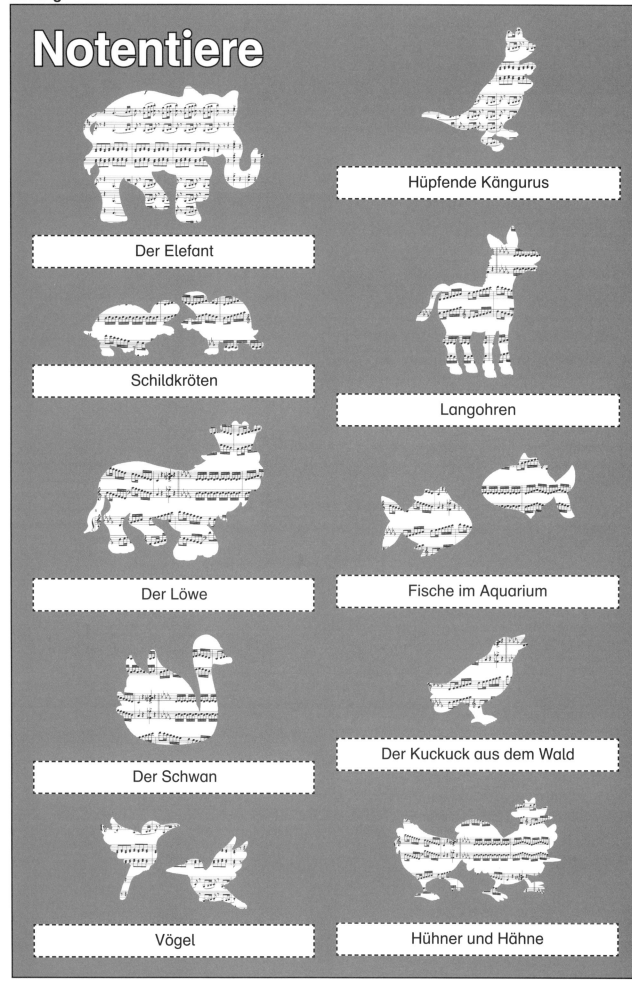

Notentiere

Hüpfende Kängurus

Der Elefant

Schildkröten

Langohren

Der Löwe

Fische im Aquarium

Der Schwan

Der Kuckuck aus dem Wald

Vögel

Hühner und Hähne

Juliane Linker: Camille Saint-Saëns – Der Karneval der Tiere · Best.-Nr. 847
© Brigg Pädagogik Verlag GmbH, Augsburg

Musik-Quiz

1. Wie heißt der Komponist von „Karneval der Tiere"?
- ☐ A Camille Saëns-Saint
- ☐ B Camije Saën-San
- ☐ C Camille Saint-Saëns

2. In welcher Stadt wurde er geboren?
- ☐ A Paris
- ☐ B Algier
- ☐ C Wien

3. Schon als Kind spielte er meisterhaft
- ☐ A Klavier
- ☐ B Geige
- ☐ C Querflöte

4. Wozu komponierte er ursprünglich den „Karneval der Tiere"?
- ☐ A Es sollte ein Geschenk werden für die Stadt Paris.
- ☐ B Es sollte zur Eröffnung des Pariser Zoos gedacht sein.
- ☐ C Seinen Klavierschülern sollte das Üben mehr Spaß bereiten.

5. Wann wurde das fertige Stück vorgestellt?
- ☐ A an einem Rosenmontag
- ☐ B am Karnevalsdienstag
- ☐ C am Aschermittwoch

6. Aus wie viel einzelnen Szenen besteht das Musikwerk?
- ☐ A aus 13
- ☐ B aus 14
- ☐ C aus 18

7. Wer spielt mit?
- ☐ A Löwe – Elefant – Pinguin
- ☐ B Löwe – Schildkröte – Katze
- ☐ C Löwe – Esel – Schwan

8. Mit welchem Instrument werden die hüpfenden Kängurus dargestellt?
- ☐ A Klavier
- ☐ B Geige
- ☐ C Xylofon

9. Welche Tiere werden durch Querflöten vorgestellt?
- ☐ A Schwan
- ☐ B Vögel
- ☐ C Fische

10. Und wer tanzt zu den Klängen des Kontrabass?
- ☐ A Fossilien
- ☐ B Schildkröten
- ☐ C Elefant

Ob du alle Fragen beantworten kannst?
Viel Spaß und Erfolg!

Musik-Quiz

1. Wie heißt der Komponist von „Karneval der Tiere"?
- ☐ A Camille Saëns-Saint
- ☐ B Camije Saën-San
- ☒ C Camille Saint-Saëns

2. In welcher Stadt wurde er geboren?
- ☒ A Paris
- ☐ B Algier
- ☐ C Wien

3. Schon als Kind spielte er meisterhaft
- ☒ A Klavier
- ☐ B Geige
- ☐ C Querflöte

4. Wozu komponierte er ursprünglich den „Karneval der Tiere"?
- ☐ A Es sollte ein Geschenk werden für die Stadt Paris.
- ☐ B Es sollte zur Eröffnung des Pariser Zoos gedacht sein.
- ☒ C Seinen Klavierschülern sollte das Üben mehr Spaß bereiten.

5. Wann wurde das fertige Stück vorgestellt?
- ☐ A an einem Rosenmontag
- ☒ B am Karnevalsdienstag
- ☐ C am Aschermittwoch

6. Aus wie viel einzelnen Szenen besteht das Musikwerk?
- ☐ A aus 13
- ☒ B aus 14
- ☐ C aus 18

7. Wer spielt mit?
- ☐ A Löwe – Elefant – Pinguin
- ☐ B Löwe – Schildkröte – Katze
- ☒ C Löwe – Esel – Schwan

8. Mit welchem Instrument werden die hüpfenden Kängurus dargestellt?
- ☒ A Klavier
- ☐ B Geige
- ☐ C Xylofon

9. Welche Tiere werden durch Querflöten vorgestellt?
- ☐ A Schwan
- ☒ B Vögel
- ☐ C Fische

10. Und wer tanzt zu den Klängen des Kontrabass?
- ☐ A Fossilien
- ☐ B Schildkröten
- ☒ C Elefant

Ob du alle Fragen beantworten kannst?
Viel Spaß und Erfolg!

Juliane Linker: Camille Saint-Saëns – Der Karneval der Tiere · Best.-Nr. 847
© Brigg Pädagogik Verlag GmbH, Augsburg

Bühne frei zum: Karneval der Tiere

Habt ihr Lust, Theater zu spielen?

Ein besonderes Erlebnis ist das szenische Darstellen des Musikstücks „Karneval der Tiere".

Als Abschluss und Höhepunkt gedacht, könnt ihr es euren Eltern und Mitschülern vorspielen. Schlüpft in die Tierrollen und führt zur Musik die 14 Szenen aus der „zoologischen Fantasie" eurem Publikum vor. Alle können mitspielen. Sucht euch eine Rolle aus und besprecht eure Wahl in der Gruppe. Auch Sprecher und Techniker werden gebraucht.

Passend zur Musik könnt ihr Bewegungen und Tänze im Sportunterricht einstudieren. Im Kunstunterricht könnt ihr Tier-Masken, Requisiten und Kostüme herstellen. Vielleicht findet ihr in eurer Verkleidungskiste auch passende Plüschkostüme. Überlegt, wie könnte ein Bühnenbild gestaltet sein?

Schreibt auf kleine Plakate die 14 Titel auf und verziert sie (dazu könnt ihr auch die Tierzeichnungen von den Seiten 47 und 48 verwenden oder eigene Tiere zeichnen). Überlegt und übt im Deutschunterricht Vortragstexte, wie z. B. die einleitenden Worte eines menschlichen oder tierischen „Zoodirektors":

• •

Hochverehrtes Publikum, sehr geehrte Tiere!

Als Zoodirektor möchte ich Sie alle herzlich willkommen heißen.
Heute feiern die Tiere Karneval.
Da treffen sich stolze Löwen und schnelle Wildtiere,
Hühner und Hähne, Esel und Kängurus,
Fische und Schwäne, Vögel und Schildkröten.
Ja, sogar Fossilien werden wieder lebendig beim Karneval der Tiere.
Wer gut aufpasst, hört die Tiere
laufen und hüpfen,
brüllen und gackern,
singen und rufen,
schwirren und stampfen,
schwimmen und klappern.
Sogar Kunststücke stehen auf dem Programm.

**

Das ist Monsieur Camille Saint-Saëns, ein berühmter französischer Musiker.
Er komponierte den Karneval der Tiere.
Mit seinem Werk hat er der Musik und den Tieren ein Denkmal gesetzt.
Er hat mit Noten und Instrumenten die Stimmen, Bewegungen
und Eigenarten der Tiere nachgeahmt und ist damit
weltberühmt geworden.

**

Juliane Linker: Camille Saint-Saëns – Der Karneval der Tiere · Best.-Nr. 847
© Brigg Pädagogik Verlag GmbH, Augsburg

Den Reigen eröffnet der König der Tiere.
Da kommt er schon mit seinem Gefolge.
Bühne frei zum Königsmarsch des Löwen!

● ●

Nach der Einführung kann's dann gleich losgehen. Um den Zuschauern erklärende
Hinweise zu geben, zeigt ihr zu jedem Teilstück dem Publikum kurz die Titel:

1. Königlicher Marsch des Löwen

2. Hühner und Hähne   3. Wilde Maulesel   4. Tanz der Schildkröten

5. Elefanten-Tanz

6. Känguru-Sprünge   7. Fische im Aquarium   8. Singende Esel

9. Der Kuckuck aus dem Wald   10. Das Vogelhaus   11. Pianisten

12. Fossilien erwachen   13. Der Schwan   14. Großes Finale

Juliane Linker: Camille Saint-Saëns – Der Karneval der Tiere · Best.-Nr. 847
© Brigg Pädagogik Verlag GmbH, Augsburg

Der Karneval der Tiere

**Erzählfassung nach Loriot
(Bernhard-Victor Christoph Carl von Bülow)**

Camille Saint-Saëns

Das ist Charles Camille Saint-Saëns.

* Er wurde am 9. Oktober in Paris geboren.
† Er starb am 16. Dezember 1921 in Algier.

Camille Saint-Saëns war französischer Pianist, Organist und Komponist.
Er spielte Klavier und Orgel und schrieb viele Werke.
Sein musikalisches Talent wurde schon früh von seiner Mutter und Großtante
gefördert. Mit sechs Jahren fing er an zu komponieren.
Einige Leute bezeichneten ihn als neuen Mozart.

Sein bekanntestes Werk heißt _____

Das Stück wird besonders gern zur Karnevalszeit aufgeführt.

1

Juliane Linker: Camille Saint-Saëns – Der Karneval der Tiere · Best.-Nr. 847
© Brigg Pädagogik Verlag GmbH, Augsburg

Niemand hätte die beschwerliche Reise und den ungewohnten Kostümzwang auf sich genommen, wenn es sich nicht um ein kulturelles Ereignis von erregender Einmaligkeit handelte, dem

Karneval der Tiere

Eine _____ tippt dem vor ihr sitzenden Erdferkel auf die Schulter. Sein Hut versperrt ihr den Blick auf eine Urwaldlichtung.

_____ seltsam kostümierte Tiere haben auf den Sitzplätzen der Arena Platz genommen. Unzählige Affen und Vögel sitzen in den Wipfeln der Bäume.

Der _____ erscheint zum Zeichen des Beginns hinter dem Mangobaum.

In den Zweigen der Eiche setzen _____ Uhus ihre Instrumente an.

Der _____ hebt den Taktstock. Die beiden

Eichhörnchen an den Klavieren

greifen in die Tasten . . .

✂ ---

1. Königlicher Marsch des Löwen

Da betritt seine Majestät der _____ die Arena, zusammen mit seiner ganzen königlichen Verwandtschaft. Würdevoll eröffnet er den Reigen und brüllt _____ mal.

Dann schreitet er _____ Runden ab und nimmt mit seiner Gattin, den Söhnen und einer Tochter Platz auf der Ehrentribüne.

2. Hühner und Hähne

Eine kunstvolle _____ Meter hohe Pyramide trippelt herein. Sie besteht aus _____ braunen Hühnern. Auf der Spitze balanciert ein _____ im Kostüm des Kaisers Napoleon.

3. Wilde Esel

Da stürmen _____ wilde Esel in die Manege. Als Instrumente sind 2 _____ zu hören.

4. Schildkröten

Ein Mehlwurm bevorzugt das Pariser Schildkröten-Ballett. Da kommen die Schildkröten schon. Hört nur, wie rhythmisch sie die _____ heben! Ganz _____ tanzen sie den „Can-Can".

Juliane Linker: Camille Saint-Saëns – Der Karneval der Tiere · Best.-Nr. 847
© Brigg Pädagogik Verlag GmbH, Augsburg

5. Elefantendame

Ein afrikanischer Elefant stellt seine Gattin als Tänzerin vor.

Sie ist in wehende weiße _____ gehüllt. Der _____ und

der _____ sind stolz erhoben, die _____ halb geschlossen.

Als Soloinstrument begleitet der _____ die schweren Schritte.

6. Kängurus

Ganz unerwartet _____ Kängurus mit weißen Häubchen durch die

Reihen und bieten Erfrischungen an. Sie springen über die Tasten vom _____ .

7. Aquarium

Nilpferd und Krokodil treffen sich in der _____. Reihe. _____ Esel tragen

ein kugeliges Aquarium in die Manege. Darin tanzen _____ lachsfarbene

japanische Schleierschwänze. Sie schwimmen im Kreise und lächeln.

Silberfarbene Luftbläschen steigen auf.

✂--

8. Persönlichkeiten mit langen Ohren

Die _____ tragen das Aquarium wieder aus der Arena heraus.

Dabei schreien sie laut und schrill _____ mal.

Ein Murmeltier hat sich die Ohren zugehalten.

9. Der Kuckuck

Der _____ hat für seine Gesangsdarbietung im höchsten Wipfel

des Affenbrotbaumes Platz genommen. Er ruft _____ mal

seinen Namen. Sein Instrument ist die _____ .

10. Das Vogelhaus

Es herrscht tiefe Stille. Dann erscheinen die Kolibris.

_____ Kolibris sausen durch die Luft. Sie singen ihre Lieder,

fliegen auf und nieder und schwirren dann rasch davon.

Juliane Linker: Camille Saint-Saëns – Der Karneval der Tiere · Best.-Nr. 847
© Brigg Pädagogik Verlag GmbH, Augsburg

11. Die Pianisten

Nun wird Klavier gespielt. Quirlige Tiere hopsen auf die Tasten und

springen hin und her. Es sind flinke _____ .

12. Die Fossilien

Das Gesangsquartett ist mehrere _____ Jahre alt.

Leider können die Tiere nicht mehr auftreten. Für die Fossilien erklären

sich _____ Uhus bereit, einzuspringen und die Fossilienschlager auf ihren

Instrumenten vorzutragen. Das Soloinstrument ist das _____ .

13. Der Schwan

Nach freundlichem Beifall nähert sich das Fest dem Höhepunkt.

29 Maulwürfe und ein Biber lassen einen großen _____ inmitten

der verblüfften Festgemeinde erwachsen. Da kommt der _____

hereingeglitten. Silberweiß schwimmt er im Mondlicht über das Wasser.

Er ist geschmückt mit duftenden Hibiskus- _____ .

✂---

14. Das Finale

Das Fest geht zu Ende. Der _____ gibt das Zeichen zum Aufbruch.

Der _____ hebt noch einmal den Taktstock. Alle Tiere schreiten zum

Ausgang. Hüpfend und tirilierend entschwinden sie hinter Bäumen und Bergen,

woher sie gekommen waren.

Welche Tiere hörst du? Achte dabei auf die Instrumente und Melodien!

_____

_____

_____

Das ist mein Lieblingsstück aus **Karneval der Tiere**:

1. _____

2. _____

Juliane Linker: Camille Saint-Saëns – Der Karneval der Tiere · Best.-Nr. 847
© Brigg Pädagogik Verlag GmbH, Augsburg

2

Niemand hätte die beschwerliche Reise und den ungewohnten Kostümzwang auf sich genommen, wenn es sich nicht um ein kulturelles Ereignis von erregender Einmaligkeit handelte, dem

Karneval der Tiere

Eine _____Waldameise_____ tippt dem vor ihr sitzenden Erdferkel auf die Schulter. Sein Hut versperrt ihr den Blick auf eine Urwaldlichtung.

__4791__ seltsam kostümierte Tiere haben auf den Sitzplätzen der Arena Platz genommen. Unzählige Affen und Vögel sitzen in den Wipfeln der Bäume.

Der _____Mond_____ erscheint zum Zeichen des Beginns hinter dem Mangobaum.

In den Zweigen der Eiche setzen __64__ Uhus ihre Instrumente an.

Der _____Marabu_____ hebt den Taktstock. Die beiden Eichhörnchen an den Klavieren greifen in die Tasten . . .

✂---

1. Königlicher Marsch des Löwen

3

Da betritt seine Majestät der _____Löwe_____ die Arena, zusammen mit seiner ganzen königlichen Verwandtschaft. Würdevoll eröffnet er den Reigen und brüllt _IIII IIII_ mal. Dann schreitet er __2__ Runden ab und nimmt mit seiner Gattin, den Söhnen und einer Tochter Platz auf der Ehrentribüne.

2. Hühner und Hähne

Eine kunstvolle __5__ Meter hohe Pyramide trippelt herein. Sie besteht aus __77__ braunen Hühnern. Auf der Spitze balanciert ein _____Hahn_____ im Kostüm des Kaisers Napoleon.

3. Wilde Esel

Da stürmen __6__ wilde Esel in die Manege. Als Instrumente sind 2 Klaviere zu hören.

4. Schildkröten

Ein Mehlwurm bevorzugt das Pariser Schildkröten-Ballett. Da kommen die Schildkröten schon. Hört nur, wie rhythmisch sie die _____Beine_____ heben! Ganz _____langsam_____ tanzen sie den „Can-Can".

Juliane Linker: Camille Saint-Saëns – Der Karneval der Tiere · Best.-Nr. 847
© Brigg Pädagogik Verlag GmbH, Augsburg

Lösung

5. Elefantendame

Ein afrikanischer Elefant stellt seine Gattin als Tänzerin vor.

Sie ist in wehende weiße ___Schleier___ gehüllt. Der ___Kopf___ und

der ___Rüssel___ sind stolz erhoben, die ___Augen___ halb geschlossen.

Als Soloinstrument begleitet der ___Kontrabass___ die schweren Schritte.

6. Kängurus

Ganz unerwartet ___hüpfen___ Kängurus mit weißen Häubchen durch die

Reihen und bieten Erfrischungen an. Sie springen über die Tasten vom ___Klavier___ .

7. Aquarium

Nilpferd und Krokodil treffen sich in der __11__ . Reihe. __4__ Esel tragen

ein kugeliges Aquarium in die Manege. Darin tanzen __7__ lachsfarbene

japanische Schleierschwänze. Sie schwimmen im Kreise und lächeln.

Silberfarbene Luftbläschen steigen auf.

✂ - ✂ - - - - - - - - - - - - - - -

8. Persönlichkeiten mit langen Ohren

Die ___Esel___ tragen das Aquarium wieder aus der Arena heraus.

Dabei schreien sie laut und schrill ___◫◫◫ ◫◫◫ ◫◫◫___ mal.

Ein Murmeltier hat sich die Ohren zugehalten.

9. Der Kuckuck

Der ___Kuckuck___ hat für seine Gesangsdarbietung im höchsten Wipfel

des Affenbrotbaumes Platz genommen. Er ruft ◫◫◫ ◫◫◫ ◫◫◫ ◫◫◫ ◫ mal

seinen Namen. Sein Instrument ist die ___Klarinette___ .

10. Das Vogelhaus

Es herrscht tiefe Stille. Dann erscheinen die Kolibris.

___2000___ Kolibris sausen durch die Luft. Sie singen ihre Lieder,

fliegen auf und nieder und schwirren dann rasch davon.

Juliane Linker: Camille Saint-Saëns – Der Karneval der Tiere · Best.-Nr. 847
© Brigg Pädagogik Verlag GmbH, Augsburg

11. Die Pianisten

6

Nun wird Klavier gespielt. Quirlige Tiere hopsen auf die Tasten und

springen hin und her. Es sind flinke ___Eichhörnchen___ .

12. Die Fossilien

Das Gesangsquartett ist mehrere ___Millionen___ Jahre alt.

Leider können die Tiere nicht mehr auftreten. Für die Fossilien erklären

sich _64_ Uhus bereit, einzuspringen und die Fossilienschlager auf ihren

Instrumenten vorzutragen. Das Soloinstrument ist das ___Xylofon___ .

13. Der Schwan

Nach freundlichem Beifall nähert sich das Fest dem Höhepunkt.

29 Maulwürfe und ein Biber lassen einen großen ___Teich___ inmitten

der verblüfften Festgemeinde erwachsen. Da kommt der ___Schwan___

hereingeglitten. Silberweiß schwimmt er im Mondlicht über das Wasser.

Er ist geschmückt mit duftenden Hibiskus- ___Blüten___ .

✂ -

14. Das Finale

7

Das Fest geht zu Ende. Der ___Löwe___ gibt das Zeichen zum Aufbruch.

Der ___Marabu___ hebt noch einmal den Taktstock. Alle Tiere schreiten zum

Ausgang. Hüpfend und tirilierend entschwinden sie hinter Bäumen und Bergen,

woher sie gekommen waren.

Welche Tiere hörst du? Achte dabei auf die Instrumente und Melodien!

Melodie zum Einmarsch der Tiere: fast alle Tiere in Begleitung des Löwen – Wilde Esel –

Melodie – Hühner und Hähne – Kängurus – Fossilien – singende Hausesel

Das ist mein Lieblingsstück aus **Karneval der Tiere**:

1. _____

2. _____

Juliane Linker: Camille Saint-Saëns – Der Karneval der Tiere · Best.-Nr. 847
© Brigg Pädagogik Verlag GmbH, Augsburg

Kopiervorlagen/Abbildungen

Juliane Linker: Camille Saint-Saëns – Der Karneval der Tiere · Best.-Nr. 847
© Brigg Pädagogik Verlag GmbH, Augsburg

Paris, Arc de Triomphe

Paris, Eiffelturm

Musikquellen

CD Camille Saint-Saëns: Der Karneval der Tiere

Audio-CD Camille Saint-Saëns: „Karneval der Tiere". Nach einer Erzählung von „Loriot",
Verlag Universal Musik, Deutsche Grammophon Junior, 1993, ISBN 978-3-8291-0525-5.

Juliane Linker: Camille Saint-Saëns – Der Karneval der Tiere · Best.-Nr. 847
© Brigg Pädagogik Verlag GmbH, Augsburg

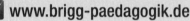